U0009767

也許你該找人聊聊

 陪伴日誌

✦ 我的＿＿＿＿＿＿年自我覺察紀錄 ✦

蘿蕊・葛利布————著　朱怡康————譯
LORI GOTTLIEB

親愛的讀者：

　　《也許你該找人聊聊》出版後，你們告訴我你們在書中的人和事裡見到自己，也在書上畫線、折角、做筆記，將有所共鳴的話貼在書桌前或浴室鏡子上。你們也告訴我：在我和約翰、茱莉、麗塔、夏綠蒂、當然還有溫德爾的對話裡，你們產生了許多想法、感受和啟發，希望我提供更多工具來反思和整理這些心得。現在，我想對世界各地每一位曾與我聯絡的你說：這本日誌是為了你。

　　但事實上，這本日記也是為了我自己。從你們的來信、電郵、社群媒體留言，以及你們和其他讀者的對話，我知道我們相似多於相異。我們擁有同樣的人性——換句話說，我們都是仍未完成的作品，也都在與彼此的連結中成長，就像我在《也許你該找人聊聊》一開始所說的一樣：「心理師固然為病人捧著一面鏡子，但病人何嘗不也為心理師捧著一面鏡？心理治療絕不是單向的，它是平行的過程。每一天，病人都為我們開啟我們必須為自己思考的問題……我們是反射鏡子的反射的鏡子，讓彼此看見自己還看不見的角落。」

為你們設計這本日誌的時候，我發現它對我多麼有幫助。雖然我的書談的似乎都是諮商室裡的事，但那些故事在在告訴我們：人的轉變都是從內心的感受與想法開始。在仔細挑選想與你們分享的課題的時候，我一次又一次地想起：不論是心理師、還是來諮商的人，我們尋求的答案其實都在自己身上，但因為個人經歷、錯誤敘事、文化制約以及各式各樣的噪音，我們有時沒辦法找到心裡的答案——所以我們需要有人領路。

我希望這本日誌能為你領路。

這本日誌反映的是我的諮商工作——陪伴你與自己對話。在架構上，它和每週諮商的節奏相符：每週都以一個課題開始，鼓勵你像接受諮商一樣，以新的方式思索自己的相關經驗、敘事、人際關係。接下來六天就像兩次諮商之間的空檔，讓你反思自己對這個課題一開始的反應，進而深化、擴大你的回應方式，同時見證自身想法的轉變。我一直很欣賞心理治療的這個面向：晤談結束後先花幾天消化談的東西，沉浸在自己的想法裡，設法擺脫無效的舊模式，並在現實生活中嘗試新的方式。下週回到諮商室時回顧自己的進步，在對話中更進一步，逐漸增加覺察，讓情緒重獲自由。

抱持著這種想法，我讓這本日誌既有發揮創意的部分，也有依循架構的部分。因為，雖然擁有個人空間的美好之處就是可以心無旁騖，只顧好自己，但我們有時還是需要額外的幫助（所以我偶爾會追加一兩個課題推你一把），也需要別人提醒要溫和對待自己。我在《也許你該找人聊聊》裡提過：在人生裡，我們最常對話的對象其實不是你以為的那些人（如伴侶、死黨、兄弟姊妹、父母），而是我們自己。

但我們對自己說的話未必溫和、真實、有幫助。我們未必意識得到自己對自己說話的聲音，但那個聲音其實一直很大。所以每週週間有個溫和小檢查，請你確認自己在思索當週課題的時候，對自己的態度是支持的，而非評判的。這個練習會請你問問自己：我對自己說的話溫和嗎？真實嗎？有幫助嗎？溫和小檢查時請放慢速度，專心同理自己，因為這是改變所不可或缺的要素。

每到週末，我們還有一個叫「週末反思」的練習，讓你整理一週以來的心得——這個星期，你在自己身上看見了什麼？你打算把這一週的哪些體悟帶到下一週？

我也加了幾頁讓你可以著色，因為我們有時會用圖畫而非文字訴說自己的故事。在我和溫德爾共舞的時候，我用身體訴說了我無法用其他方式訴說的感受。我也希望這本日誌能以某種方式喚醒你的感覺，幫助你看見關於自己的真相。每個人的溝通方式都不一樣，連與自己溝通的方式也各有不同，有時候就是需要有別於文字的工具。在《也許你該找人聊聊》裡，麗塔就是用藝術來溝通。你也可以用視覺的方式表達自我，不必先成為藝術家，甚至不必規規矩矩畫在線裡，用蠟筆、顏料筆、麥克筆、鉛筆都沒關係，自由選你喜歡的顏色。這是你的創作，和人生一樣，即使混亂，混亂裡自有美麗。

我常對病人說，人生很大部分取決於我們為自己建構的故事。請切記：在你寫下、畫下、訴說、思索自己的人生時，你是在訴說一段故事。故事是我們理解自己人生的方式，但沒有任何一則故事是不可更動的。事實上，我們的很多故事都可以好好修改。使用這本日誌時，請任你的想法自由成長

和變化。想想你的故事，仔細檢視它們。容許自己擴大某些故事線，拋下錯誤的敘事。你永遠可以修改，也永遠可以刪除。書寫就像治療，是讓自己更清楚地看見自己的過程，也是認識自己、拋下對自己的誤解的過程。

心理師會協助你回顧剛開始接受諮商時的感受。使用這本日誌一年後，它也會成為一本翔實的紀錄，讓你看見自己五十二週來如何改變。

我在《也許你該找人聊聊》裡說過：「大多數重大轉變都出自成千上萬、幾乎感受不到的微小步伐，一步一步，日積月累。」你在這本日誌寫下的一字一句都是關鍵的一步，都是走向意義深遠的改變之路的腳印。

很高興你準備開始與自己對話，我願這場對話能改變你的人生。如果你願意，請在社群體上與我聯絡，讓我聽聽你的心得！

蘿芯芯

「大多數重大
轉變
都出自成千上萬、
幾乎感受不到的
微小步伐，
一步一步，
日積月累。」

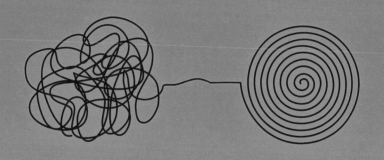

第一週 ▶ 踏出第一步

週日　　/　　/
....
....
....
....
....
....

週一　　/　　/
....
....
....
....
....
....

週二　　/　　/
....
....
....
....
....
....

「**一步**的空間能
發生很多事。」

週間溫和小檢查

自我反思必須同理自己。
你這幾天是怎麼和自己說話的呢？
你對自己說的話溫和嗎？真實嗎？有幫助嗎？

週三　　／　　／

....

....

....

....

....

....

週四　　／　　／

....

....

....

....

....

....

週五   /   /

....

....

....

....

....

週六   /   /

....

....

....

....

....

週末反思

這個星期，你在自己身上看見了什麼？
你打算把這一週的哪些體悟帶到下一週？

如果現在要你遞出一張快照，快照裡的你
是什麼樣子？畫下你現在眼中的自己，
可以走寫實風，也可以大致畫出感覺。
現在的你有哪些重要特質？

「來心理治療的人
就像遞上自己的快照，
也就是你當下的模樣。每一張
快照都是你在那個片刻的樣貌，
但也都不能反映你的全部。」

「人不先變得脆弱，
就不可能成長。」

第二週 ▶ 脆弱

週日　　/　　/
....
....
....
....
....
....

週一　　/　　/
....
....
....
....
....

週二　　/　　/
....
....
....
....
....

13

週間溫和小檢查

自我反思必須同理自己。

你這幾天是怎麼和自己說話的呢？

你對自己說的話溫和嗎？真實嗎？有幫助嗎？

週三　　　/　　　/

....

....

....

....

....

....

週四　　　/　　　/

....

....

....

....

....

週五   /   /

....

....

....

....

....

....

週六   /   /

....

....

....

....

....

....

週末反思

這個星期，你在自己身上看見了什麼？

你打算把這一週的哪些體悟帶到下一週？

15

「我們這麼怕的
究竟是什麼？

顯然不是盯著
陰暗的角落，開燈，
然後發現一窩子蟑螂。

螢火蟲也喜歡伸手
不見五指的地方。」

「**改變和失去**
息息相關。人不可能
既要改變又不失去，
這說明為什麼經常
有人口口聲聲説
要改變，到頭來
卻始終原地踏步。」

第三週 ▶ 抗拒

週日　　/　　/

．．．

．．．

．．．

．．．

．．．

．．．

週一　　/　　/

．．．

．．．

．．．

．．．

．．．

．．．

週二　　/　　/

．．．

．．．

．．．

．．．

．．．

週間溫和小檢查

自我反思必須同理自己。

你這幾天是怎麼和自己說話的呢？

你對自己說的話溫和嗎？真實嗎？有幫助嗎？

週三 ／ ／

....

....

....

....

....

....

週四 ／ ／

....

....

....

....

....

....

週五　　　/　　/

週六　　　/　　/

週末反思

這個星期，你在自己身上看見了什麼？
你打算把這一週的哪些體悟帶到下一週？

21

「生命的本質是變，
而人天生抗拒改變。」

你抗拒改變嗎？阻礙你改變的是什麼？
如果你記得《也許你該找人聊聊》
裡提到的改變階段（中譯本319頁），
你認為現在的你處在哪個階段？

「抵達隧道
另一端
的唯一辦法
是走過。」

第四週 ▶ 走向自由

週日　　/　　/

週一　　/　　/

週二　　/　　/

週間溫和小檢查

自我反思必須同理自己。

你這幾天是怎麼和自己說話的呢？

你對自己說的話溫和嗎？真實嗎？有幫助嗎？

週三 ／　　／

....

....

....

....

....

....

週四 ／　　／

....

....

....

....

....

....

週五　　/　　/

....

....

....

....

....

週六　　/　　/

....

....

....

....

....

週末反思

這個星期，你在自己身上看見了什麼？
你打算把這一週的哪些體悟帶到下一週？

「我想到一個滿有名的漫畫，」
我的心理師溫德爾有一次對我說：
「畫的是一個囚犯。他關在牢裡，
死命搖鐵窗，使盡吃奶的力氣
想逃出去——可是他左右兩邊
明明開著，沒有鐵窗。」
他稍稍停頓，讓腦海裡
的畫面更加生動。
「這個囚犯其實只要
巡一巡牢房，就能找到出口，
可是他瘋了似地猛搖鐵窗。
我們大多數人都是如此。
我們覺得自己完全困住了，
囚禁在自己的情緒牢籠裡，
可是出口明明一直都在——
只要我們願意去看。」

讓你不願
巡巡自己的牢房
的是什麼？

「有些時候，
人之所以無法分辨
自己的感受，
是因為小時候
被灌輸該忽視它們。」

週日　　　/　　/

....

....

....

....

週一　　　/　　/

....

....

....

....

週二　　　/　　/

....

....

....

....

「『正視你的感受，不要認為自己應該
如何如何而去調整它們。』我的心理師說：
『這些感受無論如何都會在那裡，
不妨迎接它們，因為它們有重要線索。』
⋯⋯不要評判你的感受，注意它們就好。
用它們當你的地圖。」

週三　　　/　　　/

....

....

....

....

....

週四　　　/　　　/

....

....

....

....

....

「我們的感受就像羅盤,
能引導我們走到正確的方向。
我們一旦了解自己的感受,
就能選擇是否要跟隨它們。」

32

週五　　　/　　/

....

....

....

....

....

週六　　　/　　/

....

....

....

....

....

週末反思

這個星期，你在自己身上看見了什麼？
你打算把這一週的哪些體悟帶到下一週？

「你也許得放下
讓**童年**變好的期待，
唯有如此，
你才能創造
更好的**成年**生活。」

第六週 ▶ 成長

週日 / /

....

....

....

....

....

....

週一 / /

....

....

....

....

....

....

週二 / /

....

....

....

....

....

....

週間溫和小檢查

自我反思必須同理自己。

你這幾天是怎麼和自己說話的呢？

你對自己說的話溫和嗎？真實嗎？有幫助嗎？

週三 / /

....

....

....

....

....

週四 / /

....

....

....

....

....

「當成熟的大人代表為自己的人生負責，
代表接受自己要為自己的選擇負責。」

週五　　　/　　/

....

....

....

....

....

週六　　　/　　/

....

....

....

....

....

週末反思

這個星期，你在自己身上看見了什麼？
你打算把這一週的哪些體悟帶到下一週？

「認識自己的一部分是
除去對自己的認識──
不再受你告訴自己的、
關於你是什麼樣的人
的故事所束縛，
讓你活出自己的人生，
不被你告訴自己的、
關於你的人生
的故事困住。」

週日　　　/　　　/

....

....

....

....

....

週一　　　/　　　/

....

....

....

....

....

週二　　　/　　　/

....

....

....

....

....

「我對媽媽的問題從以前的
『為什麼她不變？』，
變成『為什麼我不變？』」

週三 　　　/　　　/
....

....

....

....

週四 　　　/　　　/
....

....

....

....

「當我們可以從兩套敘事中選擇一套相信
（例如「我值得被愛」和「我不值得被愛」），
我們往往會選擇讓自己感覺不好的那個。
可是，為什麼堅持要聽充滿雜訊的電台
（「別人的人生都比我好」台、「我不信任別人」台、
「我沒救了」台），而不試著重新調整頻率？換個頻道。
除了自己之外，誰會阻止我們？」

週五　　　/　　　/

週六　　　/　　　/

週末反思

這個星期，你在自己身上看見了什麼？
你打算把這一週的哪些體悟帶到下一週？

41

「在人生的某個時刻，
我們必須放下
創造更好的過去
的幻想。」

第八週 ▶ 為過去悲傷

週日 ／ ／
....
....
....
....
....

週一 ／ ／
....
....
....
....
....

週二 ／ ／
....
....
....
....
....

週間溫和小檢查

自我反思必須同理自己。
你這幾天是怎麼和自己說話的呢？
你對自己說的話溫和嗎？真實嗎？有幫助嗎？

週三　　　/　　/

....

....

....

....

....

週四　　　/　　/

....

....

....

....

....

為了讓自己邁向未來，
你願意開始放下哪些事？

週五　　/　　/

....

....

....

....

....

....

週六　　/　　/

....

....

....

....

....

週末反思

這個星期，你在自己身上看見了什麼？

你打算把這一週的哪些體悟帶到下一週？

「如果我們把現在花在
修復過去或**控制未來**，
我們是讓自己困在
永恆的後悔之中。」

「無法説『不』多半是為了

尋求肯定，

這樣的人覺得如果自己説『不』，
別人就不會愛他們。
無法説『是』的人缺乏的是自信
（不論他們無法説『是』的
是親密關係、工作機會或戒酒計畫）。
我會不會搞砸？
做的話搞不好有害無益？
保持現狀不是更穩當嗎？」

第九週 ▶ 界線

週日　　／　　／

週一　　／　　／

週二　　／　　／

週三 / /

....

....

....

....

....

週四 / /

....

....

....

....

....

「別人拋罪惡感給你,
不代表你非接不可。」

週五　　　/　　　/
....
....
....
....
....
....

週六　　　/　　　/
....
....
....
....
....
....

週末反思

這個星期，你在自己身上看見了什麼？
你打算把這一週的哪些體悟帶到下一週？

51

「『洞見是心理治療
的安慰獎』，

這是我最喜歡的心理治療業箴言，
指的是你就算聽過世上所有洞見，
要是你回到現實世界時不做改變，
洞見（和心理治療）
就一點用也沒有。」

第十週 ▶ 從知到行

週日　　／　　／

....
....
....
....
....
....

週一　　／　　／

....
....
....
....
....
....

週二　　／　　／

....
....
....
....
....
....

週間溫和小檢查

自我反思必須同理自己。

你這幾天是怎麼和自己說話的呢？

你對自己說的話溫和嗎？真實嗎？有幫助嗎？

週三 ／ ／

....

....

....

....

....

週四 ／ ／

....

....

....

....

....

「心理治療像練習射籃，這是必須的。
可是真正要做的是實際上場。」

週五　　　/　　/

....

....

....

....

....

....

週六　　　/　　/

....

....

....

....

....

....

週末反思

這個星期，你在自己身上看見了什麼？

你打算把這一週的哪些體悟帶到下一週？

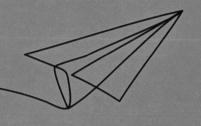

「當人不知道拋下
某個事物之後
該用什麼取代，
就可能以拖延和
自我破壞來
逃避改變——
即使改變是正面的
亦然。」

第十一週 ▶ 自我破壞

週日 / /

....

....

....

....

....

....

週一 / /

....

....

....

....

....

....

週二 / /

....

....

....

....

....

週三　　　　/　　　/

....

....

....

....

....

週四　　　　/　　　/

....

....

....

....

....

「自我破壞的棘手之處在於：
雖然它貌似是要解決問題（減輕焦慮），
可是它解決問題的辦法是製造另一個問題
（結果讓問題惡化，焦慮繼續增加）。」

週五　　　/　　　/

. . . .

. . . .

. . . .

. . . .

. . . .

. . . .

週六　　　/　　　/

. . . .

. . . .

. . . .

. . . .

. . . .

週末反思

這個星期，你在自己身上看見了什麼？
你打算把這一週的哪些體悟帶到下一週？

「人最不想面對的事，往往就是他們最需要面對的事。心理師會盡可能以同理心捧著鏡子，但願不願意好好照鏡子還是要看病人自己。他們得自己決定要撇頭不看，還是要看著鏡子，說：『哇！怎麼會這樣！接下來該怎麼辦？』」

第十二週 ▶ 不自在

週日 /　/

....
....
....
....
....

週一 /　/

....
....
....
....
....

週二 /　/

....
....
....
....
....

「人不同的部分想要的事物常常不同，
如果硬要讓自己無法接受的部分噤聲，
它們可能會以其他方式要求獲得聆聽。」

61

週三 ／ ／

....

....

....

....

....

週四 ／ ／

....

....

....

....

....

「一感到孤獨，他們就拿出電子設備排遣寂寞。
他們一直處在分心狀態，彷彿失去與別人相處
的能力，也不懂得怎麼跟自己共處。」

週五 　　/　　/

....

....

....

....

....

週六 　　/　　/

....

....

....

....

....

週末反思

這個星期，你在自己身上看見了什麼？
你打算把這一週的哪些體悟帶到下一週？

「任何問題都不會
因為避而不談
就自動消失，
避而不談只會讓
問題顯得**更加恐怖**。」

第十三週 ▶ 擁抱風暴

週日 ／ ／

週一 ／ ／

週二 ／ ／

「傷心的時候，
我們難免以為痛苦
永無止盡。
但感覺其實像天氣，
一會兒晴，一會兒雨。

這一分鐘、這一小時、
這一天覺得難過，
並不代表接下來十分鐘、
半天、一個星期也會難過。
不論焦慮、興奮或憤怒，
我們的所有感覺都是
一會兒晴，
一會兒雨。」

週三　　／　　／

....

....

....

....

....

....

週四　　／　　／

....

....

....

....

....

....

週五　　　/　　/

....

....

....

....

....

週六　　　/　　/

....

....

....

....

....

週末反思

這個星期，你在自己身上看見了什麼？

你打算把這一週的哪些體悟帶到下一週？

「先做一件能鼓勵你
再做另一件的事，
用好的循環取代
壞的循環。」

第十四週 ▶ 我把時間花在哪裡？

週日　　　/　　　/

週一　　　/　　　/

週二　　　/　　　/

「開始治療時，我常常請病人
敘述過去二十四小時的事，
越詳細越好。這種方式能讓我
大致掌握他們的狀況——
與人連結的程度？有沒有歸屬感？
生活中有哪些人？
身上有什麼責任？有哪些壓力？
人際關係平和還是激烈？
平時選擇怎麼運用時間？
我們大多數人其實沒有意識到
自己怎麼利用時間，
或是一整天裡做了什麼，
直到把一天一小時一小時拆開，
並大聲講出來。」

今天，請試著做這個練習。

週間溫和小檢查

自我反思必須同理自己。
你這幾天是怎麼和自己說話的呢？
你對自己說的話溫和嗎？真實嗎？有幫助嗎？

週三   /   /

....

....

....

....

....

....

週四   /   /

....

....

....

....

....

....

週五　　　/　　　/

....

....

....

....

....

....

週六　　　/　　　/

....

....

....

....

....

....

週末反思

這個星期，你在自己身上看見了什麼？
你打算把這一週的哪些體悟帶到下一週？

「除非為一段關係
注入新的東西，
否則這段關係
不會改變。」

第十五週 ▶ 打破模式

週日　　／　　／

週一　　／　　／

週二　　／　　／

週間溫和小檢查

自我反思必須同理自己。

你這幾天是怎麼和自己說話的呢？

你對自己說的話溫和嗎？真實嗎？有幫助嗎？

週三　　　/　　　/

....

....

....

....

週四　　　/　　　/

....

....

....

....

心理治療師約翰・魏克蘭（John Weakland）
晚年有段名言：「心理治療成功之前，
是同一件屁事一再發生；心理治療成功之後，
是一件屁事接著另一件屁事。」

週五　　　/　　　/

....
....
....
....
....
....

週六　　　/　　　/

....
....
....
....
....
....

週末反思

這個星期，你在自己身上看見了什麼？
你打算把這一週的哪些體悟帶到下一週？

「診斷一個人
有憂鬱症之前，
先確認他們
沒被混蛋圍繞。」

第十六週 ▶ 你選擇的家人〔1〕

週日 / /

....

....

....

....

....

....

週一 / /

....

....

....

....

....

....

週二 / /

....

....

....

....

....

....

....

1 譯註：chosen family：沒有血緣關係、但如家人一般相互扶持的人。

週間溫和小檢查

自我反思必須同理自己。
你這幾天是怎麼和自己說話的呢？
你對自己說的話溫和嗎？真實嗎？有幫助嗎？

週三 　　 / 　 /

....

....

....

....

....

週四 　　 / 　 /

....

....

....

....

....

「哪些人是你選擇的家人？」

週五　　　/　　　/

週六　　　/　　　/

週末反思

這個星期，你在自己身上看見了什麼？
你打算把這一週的哪些體悟帶到下一週？

「原諒這個課題
幽微難解，
道歉也是。
你道歉是為了
讓自己好過一點，
還是為了
讓對方好過一點？」

第十七週 ▶ 原諒

週日　　　/　　　/

週一　　　/　　　/

週二　　　/　　　/

週間溫和小檢查

自我反思必須同理自己。

你這幾天是怎麼和自己說話的呢？

你對自己說的話溫和嗎？真實嗎？有幫助嗎？

週三 / /

....

....

....

....

....

....

週四 / /

....

....

....

....

....

....

週五　　／　　／

....

....

....

....

....

....

週六　　／　　／

....

....

....

....

....

....

週末反思

這個星期，你在自己身上看見了什麼？
你打算把這一週的哪些體悟帶到下一週？

「我們希望能得到
另一個人的原諒，
但那也許是為了滿足自己。
我們以懇求原諒來逃避
更艱難的功課——
原諒自己。」

心理治療有個詞：

被迫原諒。

常常看到的情況是：我們感到有原諒對方
的壓力，甚至以為自己要是無法原諒，一
定是出了什麼問題。但我想說的是：

**我們可以同情對方，
但不原諒。**

繼續往前走的方法很多，
而假裝特定方法對自己有效
並不管用。

「不理性地**恐懼快樂**有個
專有名詞：快樂恐懼症
（*cherophobia*，「*chero*」是希臘文的「喜悅」）。
有快樂恐懼症的人像不沾鍋
──黏不住喜悅（可是他們
對痛苦卻黏得死緊，
像沒抹油的鍋子）。
受過創傷的人經常如此，
以為災禍隨時可能降臨。
他們就算遇到好事也不會靠過去，
反而變得過度警覺，
總是在等壞事發生。」

第十八週 ▶ 恐懼快樂

週日   /   /

週一   /   /

週二   /   /

週三 　　 / 　 /

....

....

....

....

....

週四 　　 / 　 /

....

....

....

....

....

「有的人和我的病人麗塔一樣，對他們來說，
喜悅不是快樂，而是痛苦的預兆。」

週五　　　/　　/

週六　　　/　　/

週末反思

這個星期，你在自己身上看見了什麼？

你打算把這一週的哪些體悟帶到下一週？

「要是某個方式無效，
　就試試別的方法。
在受訓期間，每當我們
　跟病人進入撞牆期，
督導總會提醒我們這件事。
同樣地，我們也會提醒
　自己的病人：如果
同一件事做了總是沒幫助，
　為什麼還要一做再做？」

第十九週 ▶ 學習調整

週日　　/　　/

週一　　/　　/

週二　　/　　/

> **週間溫和小檢查**
> 自我反思必須同理自己。
> 你這幾天是怎麼和自己說話的呢？
> 你對自己說的話溫和嗎？真實嗎？有幫助嗎？

週三 　　／　　／

....

....

....

....

....

....

週四 　　／　　／

....

....

....

....

....

....

週五　　/　　/

....

....

....

....

....

週六　　/　　/

....

....

....

....

....

週末反思

這個星期，你在自己身上看見了什麼？
你打算把這一週的哪些體悟帶到下一週？

「痛苦沒有等級之分，
不該分成三六九等，
因為痛苦
不是比賽⋯⋯
痛苦就是痛苦。」

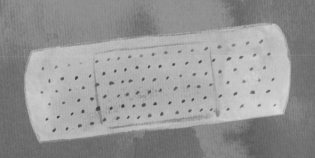

第二十週 ▶ 痛苦

週日 ／ ／

週一 ／ ／

週二 ／ ／

週間溫和小檢查

自我反思必須同理自己。
你這幾天是怎麼和自己說話的呢？
你對自己說的話溫和嗎？真實嗎？有幫助嗎？

週三　　／　　／
....
....
....
....
....

週四　　／　　／
....
....
....
....
....

「夫妻之間經常忘記這點，
把自己的痛苦看得比對方更重──
我的工作比你辛苦多了。我比你更寂寞。
到頭來誰贏了？──或者該說，誰輸了？」

週五　　　／　　／

週六　　　／　　／

週末反思

這個星期，你在自己身上看見了什麼？

你打算把這一週的哪些體悟帶到下一週？

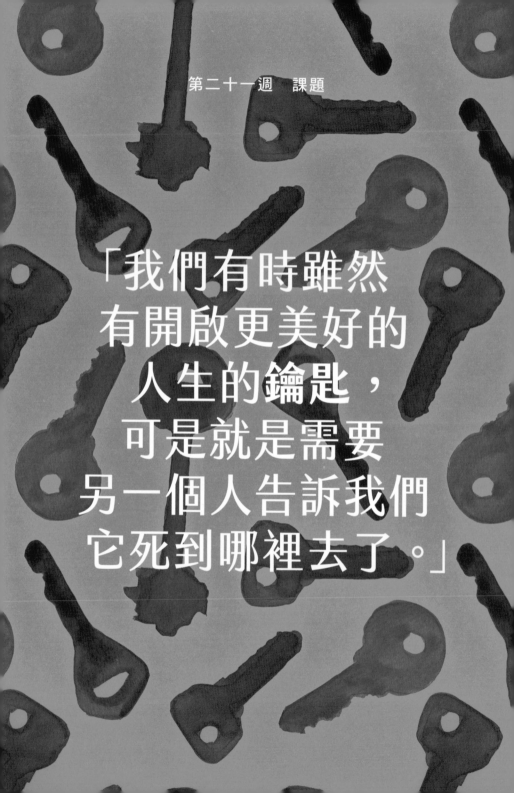

「我們有時雖然
有開啟更美好的
人生的鑰匙，
可是就是需要
另一個人告訴我們
它死到哪裡去了。」

第二十一週 ▶ 找到我的鑰匙

週日　　/　　/

....
....
....
....
....
....

週一　　/　　/

....
....
....
....
....
....

週二　　/　　/

....
....
....
....
....
....

週間溫和小檢查

自我反思必須同理自己。

你這幾天是怎麼和自己說話的呢？

你對自己說的話溫和嗎？真實嗎？有幫助嗎？

週三　　　/　　　/

....

....

....

....

....

週四　　　/　　　/

....

....

....

....

....

「該逃避痛苦還是忍受它、進而緩和它，
是我們不斷在做的抉擇。」

週五　　　/　　/

週六　　　/　　/

週末反思

這個星期，你在自己身上看見了什麼？
你打算把這一週的哪些體悟帶到下一週？

105

「『不知道是好的開始。』
我的心理師溫德爾說。
我覺得好像領悟了什麼。
我花了很多時間
想理出道理、找出答案，
但不知道好像也沒關係。」

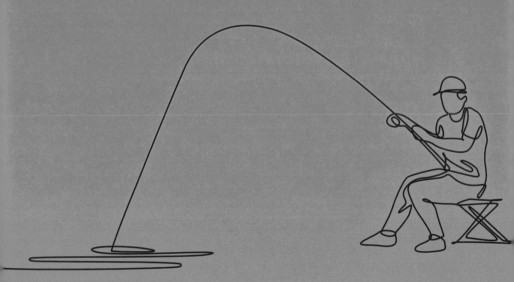

週日　　　/　　　/

週一　　　/　　　/

週二　　　/　　　/

週三   /   /

....

....

....

....

....

....

週四   /   /

....

....

....

....

....

....

「在人生某個時刻，我們都得接受自己
找不出答案，或是有些事本來就沒有答案。
有時候，我們永遠無法得知原因何在。」

週五　　　　/　　　/
....
....
....
....
....

週六　　　　/　　　/
....
....
....
....
....

週末反思

這個星期，你在自己身上看見了什麼？
你打算把這一週的哪些體悟帶到下一週？

「我現在會牢牢記得：
愛與被愛不可能
不冒失去的風險，
而認清這點和為此
恐懼是不一樣的。」

第二十三週 ▶ 愛

週日　　　／　　　／

週一　　　／　　　／

週二　　　／　　　／

週間溫和小檢查

自我反思必須同理自己。
你這幾天是怎麼和自己說話的呢？
你對自己說的話溫和嗎？真實嗎？有幫助嗎？

週三 ／ ／

....

....

....

....

....

....

週四 ／ ／

....

....

....

....

....

雖然蘿希並不完美，約翰就是愛她。
你對誰也是如此——儘管他們並不完美，
但你就愛他們現在的樣子？
哪些時刻讓你覺得
自己雖不完美，但依然被愛？

週五   /   /

....

....

....

....

....

....

週六   /   /

....

....

....

....

....

....

週末反思

這個星期,你在自己身上看見了什麼?
你打算把這一週的哪些體悟帶到下一週?

114

「愛得深的代價
是感受也深，
但感受也是禮贈——
活著的禮贈。」

「人生裡的
『戲劇性事件』
不論多不愉快，
它們有時卻是
一種自我治療，
一種逃避內在風暴、
讓自己冷靜下來
的方法。」

週日 / /

週一 / /

週二 / /

週間溫和小檢查

自我反思必須同理自己。

你這幾天是怎麼和自己說話的呢？

你對自己說的話溫和嗎？真實嗎？有幫助嗎？

週三 / /

....

....

....

....

....

週四 / /

....

....

....

....

....

「逃避是以不處理來處理問題。」

週五 ／ ／

....
....
....
....
....
....

週六 ／ ／

....
....
....
....
....
....

週末反思

這個星期，你在自己身上看見了什麼？
你打算把這一週的哪些體悟帶到下一週？

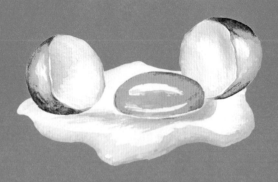

「人脆弱的時候像生蛋，
一掉就破，濺得滿地都是；
有了**韌性**之後則像熟蛋，
掉到地上也許還是會受損，
但不至於完全破碎，
也不會灑得滿地。」

第二十五週 ▶ 韌性

週日　　/　　/

週一　　/　　/

週二　　/　　/

週間溫和小檢查

自我反思必須同理自己。
你這幾天是怎麼和自己說話的呢？
你對自己說的話溫和嗎？真實嗎？有幫助嗎？

週三 / /

....

....

....

....

....

....

週四 / /

....

....

....

....

....

....

週五 / /

....
....
....
....
....

週六 / /

....
....
....
....
....

週末反思

這個星期，你在自己身上看見了什麼？
你打算把這一週的哪些體悟帶到下一週？

「『情緒清明』
（emotional sobriety）
指的是能不靠**自我藥療**
（self-medicating）
來調節自身感受，
不論這『藥』是花錢、
防衛、外遇或網路。」

第二十六週 ▶ 自我藥療

週日 / /

....
....
....
....
....
....

週一 / /

....
....
....
....
....
....

週二 / /

....
....
....
....
....

週間溫和小檢查

自我反思必須同理自己。

你這幾天是怎麼和自己說話的呢？

你對自己說的話溫和嗎？真實嗎？有幫助嗎？

週三 　　 / 　　 /

....

....

....

....

....

週四 　　 / 　　 /

....

....

....

....

....

列出三個調節情緒的健康方式
（例如呼吸新鮮空氣、和朋友聊天、
深呼吸、寫這本日誌）。

週五　　　/　　/

週六　　　/　　/

週末反思

這個星期，你在自己身上看見了什麼？
你打算把這一週的哪些體悟帶到下一週？

「憤怒是大多數人都有的感受，
因為它是向外的，怒氣沖沖
責怪別人可以讓人自感優越。
然而憤怒常常是冰山一角，
只要看透表層，你會發現還有
很多感受浸在水裡：恐懼、無助、
極度、寂寞、不安全感等等。
如果你能容忍這些較深的感受，
直到能了解它們、傾聽它們
想告訴你的事，你就不只能
以更具建設性的方式
處理你的憤怒，
也不會再那麼容易生氣。」

第二十七週 ▶ 憤怒

週日 / /

週一 / /

週二 / /

週間溫和小檢查

自我反思必須同理自己。

你這幾天是怎麼和自己說話的呢？

你對自己說的話溫和嗎？真實嗎？有幫助嗎？

週三 　 / 　 /

....

....

....

....

....

....

週四 　 / 　 /

....

....

....

....

....

....

週五　　　/　　/

....

....

....

....

....

....

週六　　　/　　/

....

....

....

....

....

週末反思

這個星期，你在自己身上看見了什麼？
你打算把這一週的哪些體悟帶到下一週？

「平靜不代表
沒噪音、沒困擾、
沒難題，而是指
身處這些干擾之中，
心依然安寧。」

第二十八週　▶　平靜

週日　　　/　　　/

週一　　　/　　　/

週二　　　/　　　/

週間溫和小檢查

自我反思必須同理自己。
你這幾天是怎麼和自己說話的呢？
你對自己說的話溫和嗎？真實嗎？有幫助嗎？

週三　　　/　　　/

....

....

....

....

....

....

週四　　　/　　　/

....

....

....

....

....

週五　　　/　　/

週六　　　/　　/

週末反思

這個星期，你在自己身上看見了什麼？
你打算把這一週的哪些體悟帶到下一週？

135

「大家常常誤以為
麻木是空虛，
但麻木其實
不是沒有感受，
而是被太多感受
淹沒的反應。」

週日　　　/　　　/

....

....

....

....

....

週一　　　/　　　/

....

....

....

....

....

週二　　　/　　　/

....

....

....

....

....

「我和很多人一樣，也誤以為感受少就是感受好。
　但即使漠視感受，感受還是在那裡，它們可能
化為潛意識行為，化為坐立不安，化為無法專注，
化為缺乏食慾或控制不了食慾，或化為暴躁易怒。」

週間溫和小檢查

自我反思必須同理自己。

你這幾天是怎麼和自己說話的呢？

你對自己說的話溫和嗎？真實嗎？有幫助嗎？

週三　　　/　　　/

週四　　　/　　　/

「人沒辦法只關掉一種情緒，卻不同時關掉
其他情緒。想關掉痛苦嗎？你也會關掉快樂。」

週五　　　/　　/
....
....
....
....
....

週六　　　/　　/
....
....
....
....
....

週末反思

這個星期，你在自己身上看見了什麼？
你打算把這一週的哪些體悟帶到下一週？

「大多數人説的『型』指的是吸引力。可是，
讓我們傾心的『型』的背後其實是**熟悉感**。
父母脾氣大的人往往選擇脾氣大的伴侶，
父母酗酒的人常受愛喝酒的人吸引，
父母木訥或好批評的人容易愛上木訥或好批評的人
——這些都不是巧合。為什麼人會這樣對待自己？
因為「家」的感覺會形塑一個人的偏好，
成年後的渴求很難與童年時的經驗分開。
所以弔詭的是：曾經被父母以某種方式傷害的人，
有時特別容易迷上與自己的父母有同樣特質的人。
佛洛伊德稱這種傾向為
『強迫性重複』(repetition compulsion)。

**他們在潛意識裡想：和相似、
但不一樣的人交往，
也許能回去治好很久以前的那道傷。**
唯一的問題是：選擇相似的伴侶不但很難達成
這個目標，而且結果往往正好相反——他們再次
撕開那道傷，甚至更加相信自己不值得被愛。」

第三十週 ▶ 吸引力

週日　　　/　　　/

週一　　　/　　　/

週二　　　/　　　/

週三 　　／　　／

....

....

....

....

....

週四 　　／　　／

....

....

....

....

....

「我們找的對象總是自己沒完成的事。」

週五　　／　　／
....
....
....
....
....
....

週六　　／　　／
....
....
....
....
....
....

週末反思

這個星期，你在自己身上看見了什麼？
你打算把這一週的哪些體悟帶到下一週？

「芙蘭納莉・歐康納
（Flannery O'Connor）
講過：『真相不會隨
我們承受它的能力改變。』
我想**保護**自己
避開什麼呢？」

週日　　　/　　/

　　　　　　　　　　　　　　　　　　　　　　　　　　　　

　　　　　　　　　　　　　　　　　　　　　　　　　　　　

　　　　　　　　　　　　　　　　　　　　　　　　　　　　

　　　　　　　　　　　　　　　　　　　　　　　　　　　　

週一　　　/　　/

　　　　　　　　　　　　　　　　　　　　　　　　　　　　

　　　　　　　　　　　　　　　　　　　　　　　　　　　　

　　　　　　　　　　　　　　　　　　　　　　　　　　　　

　　　　　　　　　　　　　　　　　　　　　　　　　　　　

週二　　　/　　/

　　　　　　　　　　　　　　　　　　　　　　　　　　　　

　　　　　　　　　　　　　　　　　　　　　　　　　　　　

　　　　　　　　　　　　　　　　　　　　　　　　　　　　

　　　　　　　　　　　　　　　　　　　　　　　　　　　　

　　　　　　　　　　　　　　　　　　　　　　　　　　　　

「道出難堪的真相或許得付出代價——
不得不面對它們的代價——但這樣做
也有報償：自由。真相帶我們脫離羞慚。」

145

週間溫和小檢查
自我反思必須同理自己。
你這幾天是怎麼和自己說話的呢？
你對自己說的話溫和嗎？真實嗎？有幫助嗎？

週三　　／　　／
．．
．．．
．．．
．．．
．．．
．．．

週四　　／　　／
．．．
．．．
．．．
．．．
．．．
．．．

承認什麼真相能讓你獲得自由？

週五　　　/　　/

....

....

....

....

....

週六　　　/　　/

....

....

....

....

....

週末反思

這個星期，你在自己身上看見了什麼？

你打算把這一週的哪些體悟帶到下一週？

「『**痛和苦不一樣。**』
我的心理師溫德爾説：
『你一定會痛——
人都有痛的時候——
可是你不一定得那麼苦。
你不能選擇痛或不痛，但
可以選擇苦或不苦。」

週日　　/　　/

....

....

....

....

週一　　/　　/

....

....

....

....

週二　　/　　/

....

....

....

....

「如果我死抓著受苦的感覺不放，
我一定有從中得到什麼。」
你現在緊抱著什麼苦？它讓你得到什麼？

149

週三　　/　　/

....

....

....

....

....

週四　　/　　/

....

....

....

....

....

「如果你想幫助朋友放下痛苦，
你會對她怎麼說？如果你想幫的是自己，
你會對自己怎麼說？」

週五　　　/　　　/

週六　　　/　　　/

週末反思

這個星期，你在自己身上看見了什麼？
你打算把這一週的哪些體悟帶到下一週？

「你不是非靠別人
講出自己的故事
才能了解他們，因為
**他們一定會把自己
的故事演給你看。**」

第三十三週 ▶ 伴侶

週日　　/　　/

週一　　/　　/

週二　　/　　/

週三 　　 / 　 /

....

....

....

....

週四 　　 / 　 /

....

....

....

....

....

「有時候你希望別人改變，可是他們壓根兒
沒興趣改——即使他們對你說他們想改。」

週五   /   /

....

....

....

....

....

....

週六   /   /

....

....

....

....

....

....

週末反思

這個星期，你在自己身上看見了什麼？

你打算把這一週的哪些體悟帶到下一週？

「我們的很多
自毀行為都源於
情感空虛，
它大聲召喚我們
拿別的事物填補。」

第三十四週 ▶ 填補空虛

週日　　／　　／

週一　　／　　／

週二　　／　　／

157

週間溫和小檢查

自我反思必須同理自己。

你這幾天是怎麼和自己說話的呢？

你對自己說的話溫和嗎？真實嗎？有幫助嗎？

週三 ／ ／

....

....

....

....

....

週四 ／ ／

....

....

....

....

....

生活中有沒有哪個領域讓你覺得缺乏充實感？
想一想有什麼健康的方法可以填補它。

週五　　　/　　　/

....
....
....
....
....
....

週六　　　/　　　/

....
....
....
....
....

週末反思

這個星期，你在自己身上看見了什麼？
你打算把這一週的哪些體悟帶到下一週？

「我注意到夢可能是
自白的先兆——
某種自白準備。
埋藏的東西
開始浮上檯面，
但尚未露出全貌。」

第三十五週 ▶ 夢

週日　　/　　/

週一　　/　　/

週二　　/　　/

週間溫和小檢查
自我反思必須同理自己。
你這幾天是怎麼和自己說話的呢？
你對自己說的話溫和嗎？真實嗎？有幫助嗎？

週三　　／　　／
....
....
....
....
....
....

週四　　／　　／
....
........·...
....
....
....
....

「不令人意外的是，我們經常夢見自己的恐懼，
而我們的恐懼很多。有些時候，我們得花點時間
才能承認自己的恐懼，對自己承認尤其如此。」

週五 　　　/　　　/

....

....

....

....

....

週六 　　　/　　　/

....

....

....

....

週末反思

這個星期，你在自己身上看見了什麼？
你打算把這一週的哪些體悟帶到下一週？

「忽視情緒只會讓情緒更強
……我們必須協助病人用
其他東西替代防衛機制，
才不致讓他們暴露於挑戰
卻毫無保護。防衛機制
恰如其名，是有作用的。
它們能保護人不受傷……
直到人不再需要它們為止。」

第三十六週 ▶ 防衛機制

週日 / /

週一 / /

週二 / /

週三 　　　/　　　/

....

....

....

....

....

週四 　　　/　　　/

....

....

....

....

....

「你不會同時放下所有的防衛，
而是一層一層剝開它們，緩緩接近柔軟的核心：
你的悲傷，你的羞愧。」

週五　　　/　　/

週六　　　/　　/

週末反思

這個星期，你在自己身上看見了什麼？
你打算把這一週的哪些體悟帶到下一週？

「跟著嫉妒走，它會讓你看見
你渴求的東西。」
這週請寫下你的渴望和
你能採取的步驟，開始實現它。

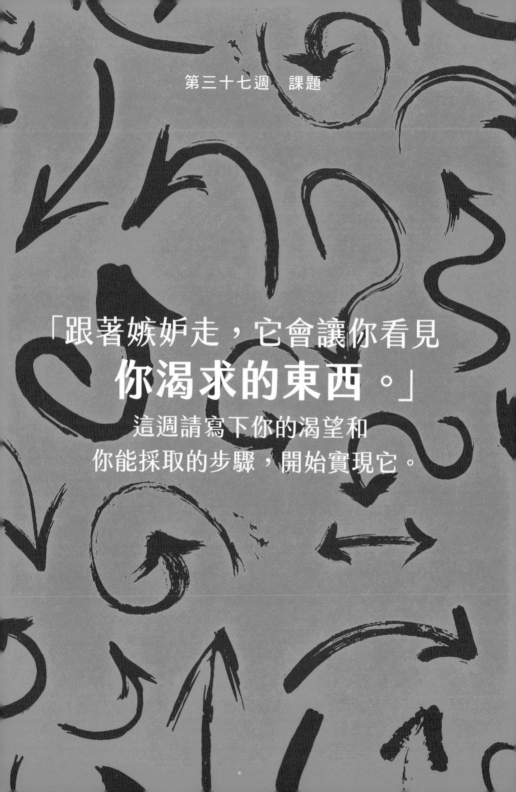

週日　　　/　　　/

週一　　　/　　　/

週二　　　/　　　/

週間溫和小檢查
自我反思必須同理自己。
你這幾天是怎麼和自己說話的呢？
你對自己說的話溫和嗎？真實嗎？有幫助嗎？

週三　　／　　／

週四　　／　　／

週五　　　/　　　/

週六　　　/　　　/

週末反思

這個星期，你在自己身上看見了什麼？
你打算把這一週的哪些體悟帶到下一週？

「精神分析家弗洛姆
五十多年前
就講過這個道理：
『現代人以為
做事不快是損失時間，
可是除了**殺時間**之外，
他們並不懂得怎麼
運用省下來的時間。』」

第三十八週 ▶ 步調放慢

週日　　／　　／
....
....
....
....
....

週一　　／　　／
....
....
....
....
....

週二　　／　　／
....
....
....
....
....

你這星期可以怎麼放慢步調？

週三 ／ ／

· ·

· ·

· ·

· ·

· ·

週四 ／ ／

· ·

· ·

· ·

· ·

· ·

「現在連光速都過時了⋯⋯
大家都用『要』的速度移動。」

週五　　　/　　　/

....

....

....

....

....

....

週六　　　/　　　/

....

....

....

....

....

....

週末反思

這個星期，你在自己身上看見了什麼？
你打算把這一週的哪些體悟帶到下一週？

「我惦量後悔的
兩種結果，
一種是將你
束縛在過去，
另一種是
推動你做改變。」

第三十九週 ▶ 後悔

週日 / /

....

....

....

....

....

....

週一 / /

....

....

....

....

....

....

週二 / /

....

....

....

....

....

....

週間溫和小檢查

自我反思必須同理自己。
你這幾天是怎麼和自己說話的呢？
你對自己說的話溫和嗎？真實嗎？有幫助嗎？

週三 　／　　／

....

....

....

....

....

週四 　／　　／

....

....

....

....

....

你選擇怎麼處理後悔？

週五　　　/　　　/

....

....

....

....

....

....

週六　　　/　　　/

....

....

....

....

....

週末反思

這個星期，你在自己身上看見了什麼？
你打算把這一週的哪些體悟帶到下一週？

「做下去才會懂。
你有時候必須
放膽一試，在確知
一件事的意義之前
先去經驗它。」

週日　　　/　　/

週一　　　/　　/

週二　　　/　　/

週間溫和小檢查

自我反思必須同理自己。

你這幾天是怎麼和自己說話的呢？

你對自己說的話溫和嗎？真實嗎？有幫助嗎？

週三　　　／　　／

....

....

....

....

....

週四　　　／　　／

....

....

....

....

....

「當現在崩落，我們與這個現在
相關的未來也跟著瓦解，
而失去未來是一切計畫扭曲的根源。」

寫下一件你生命裡扭曲的事，
以及你從中發現的可能性。

週五　　　/　　　/

....

....

....

....

....

....

週六　　　/　　　/

....

....

....

....

....

....

週末反思

這個星期，你在自己身上看見了什麼？
你打算把這一週的哪些體悟帶到下一週？

「我開始領悟：
不確定代表的
其實不是失去希望，
而是**可能性**。
我不知道接下來會如何
──那不就潛力無窮、
充滿驚喜嗎？」

安德魯・所羅門說過：
「憂鬱的反面
　不是快樂，
　而是**活力**。」

第四十一週 ▶ 活力

週日 ／ ／

週一 ／ ／

週二 ／ ／

週間溫和小檢查

自我反思必須同理自己。

你這幾天是怎麼和自己說話的呢？

你對自己說的話溫和嗎？真實嗎？有幫助嗎？

週三　　　／　　　／

週四　　　／　　　／

週五　　　/　　/

週六　　　/　　/

週末反思

這個星期，你在自己身上看見了什麼？
你打算把這一週的哪些體悟帶到下一週？

189

「我尤其喜歡維克多・
法蘭克（Viktor Frankl）
書中的一句話：
『刺激和回應之間有空間，
空間裡是我們
選擇回應方式的權力，
回應方式裡有我們的
成長和自由。』」

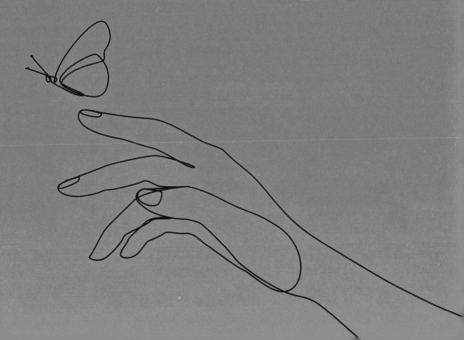

第四十二週　▶　回應 vs. 反應

週日　　　/　　　/

週一　　　/　　　/

週二　　　/　　　/

週三　　/　　/

....

....

....

....

週四　　/　　/

....

....

....

....

「做伴侶諮商時，我經常提醒他們：『開口之前，
先問問自己：聽的人會有什麼感受？』」

週五 / /

....
....
....
....
....
....

週六 / /

....
....
....
....
....
....

週末反思

這個星期，你在自己身上看見了什麼？
你打算把這一週的哪些體悟帶到下一週？

「人只有沉默時
能聽見內心的聲音。
說話能讓人停在大腦層次，
安安穩穩閃躲情緒。
沉默則像清垃圾，
當你停止徒勞無益地
拋話、拋話、再拋話，
重要的東西會浮上表面。」

第四十三週 ▶ 沉默

週日　　/　　/

....

....

....

....

....

....

週一　　/　　/

....

....

....

....

....

....

週二　　/　　/

....

....

....

....

....

....

週間溫和小檢查
自我反思必須同理自己。
你這幾天是怎麼和自己說話的呢？
你對自己說的話溫和嗎？真實嗎？有幫助嗎？

週三 ／ ／

....

....

....

....

....

....

週四 ／ ／

....

....

....

....

....

....

週五　　　／　　／

....

....

....

....

....

週六　　　／　　／

....

....

....

....

....

週末反思

這個星期，你在自己身上看見了什麼？

你打算把這一週的哪些體悟帶到下一週？

「最有力的真相——
人們最嚴肅以待的
真相——是他們
自己一點一滴
領悟的真相。」

週日 / /

....

....

....

....

....

....

週一 / /

....

....

....

....

....

週二 / /

....

....

....

....

....

週間溫和小檢查

自我反思必須同理自己。

你這幾天是怎麼和自己說話的呢？

你對自己說的話溫和嗎？真實嗎？有幫助嗎？

週三　　／　　／

....

....

....

....

....

....

週四　　／　　／

....

....

....

....

....

週五　　　/　　　/

週六　　　/　　　/

週末反思

這個星期，你在自己身上看見了什麼？
你打算把這一週的哪些體悟帶到下一週？

201

「死亡如影隨形
迫使他們活得
更加充實──
不是抱著長串目標
活在未來，
而是**現在**。」

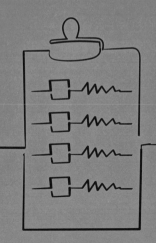

第四十五週 ▶ 活在當下

週日　　／　　／
....
....
....
....
....
....

週一　　／　　／
....
....
....
....
....
....

週二　　／　　／
....
....
....
....
....

週間溫和小檢查

自我反思必須同理自己。

你這幾天是怎麼和自己說話的呢？

你對自己說的話溫和嗎？真實嗎？有幫助嗎？

週三　　／　　／

....

....

....

....

....

....

週四　　／　　／

....

....

....

....

....

週五　　/　　/

....

....

....

....

....

....

週六　　/　　/

....

....

....

....

....

....

週末反思

這個星期，你在自己身上看見了什麼？
你打算把這一週的哪些體悟帶到下一週？

在《也許你該找人聊聊》裡，
我的病人茱莉診斷出癌症之後，
她的人生規劃頓時充滿不確定。
但她列出的心願清單令她重新認識自己。

如果你的生命只剩這個星期，
寫下或畫下
你最想完成的目標和優先順序。

你想如何度過這七天？

讓你無法現在就去做這些事的原因是什麼？

「生命中的關係
不會真正結束，
即使你再也
見不到那個人。
關係親的人
會繼續待在你
心裡某個地方。」

第四十六週 ▶ 失落

週日　　/　　/

週一　　/　　/

週二　　/　　/

209

> **週間溫和小檢查**
> 自我反思必須同理自己。
> 你這幾天是怎麼和自己說話的呢?
> 你對自己說的話溫和嗎?真實嗎?有幫助嗎?

週三 / /

....

....

....

....

....

週四 / /

....

....

....

....

....

「失去摯愛的孤寂非常深,
深到你只能用自己的方式承受。」

週五 / /

....

....

....

....

....

....

週六 / /

....

....

....

....

....

週末反思

這個星期,你在自己身上看見了什麼?
你打算把這一週的哪些體悟帶到下一週?

211

「我受訓時聽督導講過：
『每個人身上
都有可愛之處。』
讓我十分驚訝的是：
我後來發現
她說得沒錯。」

第四十七週 ▶ 視角

週日　　　/　　　/

週一　　　/　　　/

週二　　　/　　　/

週間溫和小檢查

自我反思必須同理自己。
你這幾天是怎麼和自己說話的呢？
你對自己說的話溫和嗎？真實嗎？有幫助嗎？

週三　　　/　　　/

....

....

....

....

....

....

週四　　　/　　　/

....

....

....

....

....

> 「我也想了很多，關於人可以有這麼多面向，
> 而且這些面向同時並存。」

週五　　　/　　/
....
....
....
....
....

週六　　　/　　/
....
....
....
....
....

週末反思

這個星期，你在自己身上看見了什麼？
你打算把這一週的哪些體悟帶到下一週？

我的個案茱莉生命將盡時，
和我一起商量她的訃聞該寫什麼。
人生故事的寫法很多，所以茱莉仔細思考
對她最有意義的是什麼。我忍不住想：
如果我們都能在不得不想這件事前
做這個練習，我們會有什麼不一樣？
這能讓我們活得更充實嗎？

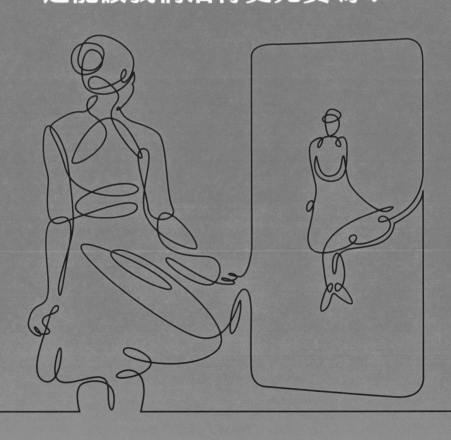

第四十八週 ▶ 死亡

週日　　/　　/

週一　　/　　/

週二　　/　　/

217

週間溫和小檢查

自我反思必須同理自己。

你這幾天是怎麼和自己說話的呢？

你對自己說的話溫和嗎？真實嗎？有幫助嗎？

週三 　　／　　／

週四 　　／　　／

週五　　/　　/

....

....

....

....

....

....

週六　　/　　/

....

....

....

....

....

週末反思

這個星期，你在自己身上看見了什麼？
你打算把這一週的哪些體悟帶到下一週？

請在這裡寫下你的訃聞。
注意你選擇把重點放在哪裡。

在人生走到盡頭時，
你希望自己留下什麼樣的故事？

「你覺得這些錯該判幾年？
我們很多人即使
已真心彌補**自己的錯**，
卻還是折磨自己
幾十年之久。
這種懲罰真的合理嗎？」

第四十九週　▶　同理自己

週日　　　/　　　/

週一　　　/　　　/

週二　　　/　　　/

「心理治療追求的
是自我同理
（**我也是人**），
而非自我評價
（**我是好人還是壞人？**）。」

寫下一個能讓你這個星期更同理自己的方法。

週間溫和小檢查

自我反思必須同理自己。

你這幾天是怎麼和自己說話的呢？

你對自己說的話溫和嗎？真實嗎？有幫助嗎？

週三 ／　　／

週四 ／　　／

週五　　　/　　/

週六　　　/　　/

週末反思

這個星期，你在自己身上看見了什麼？
你打算把這一週的哪些體悟帶到下一週？

「我們很多人都是這樣，
把所愛的人當成
理所當然，將有意義
的事看做天經地義，
等到發現自己時日無多，
才明白最重要的東西
已輕輕溜過——
我們的人生。」

第五十週 ▶ 有意識地過活

週日　　/　　/

....

....

....

....

....

週一　　/　　/

....

....

....

....

....

週二　　/　　/

....

....

....

....

....

週三 / /

....

....

....

....

....

週四 / /

....

....

....

....

....

「今天一定不會回來。」

週五　　　/　　/

....

....

....

....

....

....

週六　　　/　　/

....

....

....

....

....

....

週末反思

這個星期，你在自己身上看見了什麼？

你打算把這一週的哪些體悟帶到下一週？

「人是在與他人的
連結
裡成長的。」

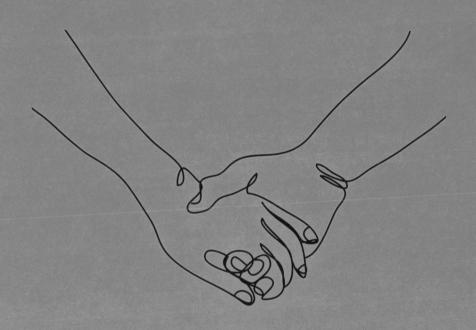

第五十一週　▶　連結

週日　　/　　/

....
....
....
....
....
....

週一　　/　　/

....
....
....
....
....

週二　　/　　/

....
....
....
....
....

週間溫和小檢查

自我反思必須同理自己。
你這幾天是怎麼和自己說話的呢？
你對自己說的話溫和嗎？真實嗎？有幫助嗎？

週三 / /

......

......

......

......

......

......

週四 / /

......

......

......

......

......

......

週五   /   /

....

....

....

....

....

....

週六   /   /

....

....

....

....

....

週末反思

這個星期，你在自己身上看見了什麼？
你打算把這一週的哪些體悟帶到下一週？

「病人開始接受治療時帶來的故事，
未必是她離開時帶走的故事。
最早歷歷泣訴的風暴最後可能
沒有寫進故事，一開始忽視遺漏
的細節可能成為轉折點；
有的關鍵人物可能變成小配角，
有的芝麻角色可能
搖身一變成為核心要角。
病人本身的角色也會變，
從跑龍套的變成主人翁，
從受害者變成英雄。」

第五十二週 ▶ 新開始

週日 　 / 　 /

. . . .

週一 　 / 　 /

. . . .

週二 　 / 　 /

. . . .

週間溫和小檢查

自我反思必須同理自己。

你這幾天是怎麼和自己說話的呢？

你對自己說的話溫和嗎？真實嗎？有幫助嗎？

週三 ／ ／

....

....

....

....

....

....

週四 ／ ／

....

....

....

....

....

週五　　／　　／

....

....

....

....

....

....

週六　　／　　／

....

....

....

....

....

....

週末反思

這個星期，你在自己身上看見了什麼？
你打算把這一週的哪些體悟帶到下一週？

畫下你現在看到的自己。
與一年前的自畫像比較，你有哪些成長？

FOCUS　32

也許你該找人聊聊〔陪伴日誌〕
Maybe You Should Talk to Someone: The Journal
52 Weekly Sessions to Transform Your Life

作　　　者　蘿蕊・葛利布（Lori Gottlieb）
譯　　　者　朱怡康
責任編輯　林慧雯
美術設計　黃暐鵬

編輯出版　行路／遠足文化事業股份有限公司
總　編　輯　林慧雯
社　　　長　郭重興
發行人兼　曾大福
出版總監
發　　　行　遠足文化事業股份有限公司
　　　　　　23141新北市新店區民權路108之4號8樓
　　　　　　代表號：（02）2218-1417　客服專線：0800-221-029　傳真：（02）8667-1065
　　　　　　郵政劃撥帳號：19504465　戶名：遠足文化事業股份有限公司
　　　　　　歡迎團體訂購，另有優惠，請洽業務部（02）2218-1417分機1124、1135
法律顧問　華洋法律事務所　蘇文生律師
特別聲明　本書中的言論內容不代表本公司／出版集團的立場及意見，
　　　　　　由作者自行承擔文責。

印　　　製　韋懋實業有限公司
初版一刷　2023年4月
定　　　價　399元
ＩＳＢＮ　9786267244159（紙本）
　　　　　　9786267244166（PDF）
　　　　　　9786267244173（EPUB）

儲值「閱讀護照」，
購書便捷又優惠。

國家圖書館預行編目資料

也許你該找人聊聊〔陪伴日誌〕
蘿蕊・葛利布（Lori Gottlieb）著；朱怡康譯
一初版—新北市：行路出版
遠足文化事業股份有限公司發行，2023.04
面；公分
譯自：Maybe You Should Talk to Someone:
The Journal: 52 Weekly Sessions to Transform Your Life.
ISBN 978-626-7244-15-9（平裝）
1.CST：自我實現　2.CST：生活指導
177.2　　　　　　　　　112002319

MAYBE YOU SHOULD TALK TO SOMEONE: The Journal
by Lori Gottlieb
Complex Chinese Translation copyright © 2023
by The Walk Publishing,
A Division of Walkers Cultural Enterprise Ltd.
Published by arrangement with Harper Design,
an imprint of HarperCollins Publishers, USA
through Bardon-Chinese Media Agency
ALL RIGHTS RESERVED